"¡Pa'lante y Pa'rriba!, Mi Hermano..."

QUIJOTESCO Y CERVANTINO

ARTIST STUDIO PROJECT PUBLISHING COMPANY

[2017]

Quijotesco y Cervantino: Dr. Joan Francisco Valdés Santos
Homenaje a Miguel de Cervantes Saavedra
En los 400 años de la obra – Don Quijote de La Mancha

© Dr. Joan Francisco Valdés Santos
© Artist Studio Project Publishing Company
Dirección Editorial: Rafael A. Osuba
Prologada por: Máster David Gato Cisneros
Ilustraciones: Rafael A. Osuba
Diseño de portada: Rafael A. Osuba
Fotografía contraportada cortesía de: María Nuñes
Diagramación: Rafael A. Osuba

ISBN: 978-0-9981749-1-4
ISBN-10: 0998174912

Artist Studio Project Publishing Company
5620 Millrace Trail Raleigh, NC 27606
ASP BOOKS
www.artiststudioprojectpublishing.com
www.iamquixote.com

Dr. Joan Francisco Valdés Santos

*

QUIJOTESCO Y CERVANTINO

Homenaje a Miguel de Cervantes Saavedra
En los 400 años de la obra – Don Quijote de La Mancha

Quijotesco y Cervantino

Dr. Joan Francisco Valdes Santos

I AM QUIXOTE © 2015

ASP
BOOKS®

DEDICACIÓN ESPECIAL:

Estimados lectores la página en blanco es un recurso para que ustedes dediquen cuidadosamente el libro a quien lo merezca ...

Tarea que yo concreto en dedicar destinando dicha obra a mi esposa...

La Master Andrea E. Woods Valdés quien merece muchas dedicatorias relacionadas con mi obra y con mi vida.

Ella domina la génesis de mi canto a la cuidad... JFVS

ÍNDICE

Prologo - Máster en Ciencias David Gato Cisneros   VI

INTRODUCCION   XIV

Amada mía, hoy canto a la Cuidad de Durham   XIX
Quijotesco y Cervantino   XXV
Quixotic and Cervantine - En Ingles   XXVI

PAGINA EN BLANCO   01

La Creación   03
Como Un Nuevo Quijote Sin Molinos   04

VALORES QUIJOTESCOS   05

Tetralogía A San Francisco De Asís   06

DULCINEA   11

En Busca De Mi Amor   12
La Lágrima   13
En El Otoño   14
Cita. Poemas Cerca De Ti   15
Llegaré Dibujando La Esperanza   16
Cantares Y Añoranzas   18
Pitágoras No Sabía   20
Mis Motivos De Vivir   22
Tulipanes Rojos

AMISTAD 23

Carta A Sancho 24
Respuesta de Sancho 25
Con Batuta En Mano - Trilogía de Sonetos 26
Cuando El Lobo La Oración Hacía 29
Cantares A Facundo Cabral 30
Trilogía de Sonetos a Gaspar Melchor de Jovellanos 32

AVENTURAS 35

Son Para Pascual Bailón 37
Naufragar 40
El Gorrión Del Rencuentro 42
Cubanos Por El Mundo 43
Tengo Que Hacerlo Solo 46

ARTES 49

La Cubanía 51
Soneto de Anatoly Karpov 52
Mi Mujer Danzando Al Mar 54
Ibbaé Layen Atonú 56

"Yo sé quién soy"
- respondió don Quijote

PROLOGO

Por: *Máster David Gato Cisneros*

La obra literaria que hoy nos muestra el Dr. de Ciencias, Joan Francisco Valdés Santos, a quien la familia llama cariñosamente Frank, es el resultante de un flujo creciente de obras diversas las cuales he tenido el privilegio de conocer. Ellas han deleitado mí lectura y enriquecido mi acervo cultural.

Resulta el poeta ser exponente genuino de su comunidad y de su pueblo. Su capacidad de escribir en verso y en prosa, le ha permitido cantarle a todo cuanto ha visto y sentido desde una visión sensitiva y comprometida con las realidades humanas. Por ello ha cultivado el concepto de la rosa blanca, esa de la cual hablo José Julián Martí Pérez, y tiene el compromiso de vida ejemplar y sacrificio comprometido a la "Cubania".

Su poesía es una obra implicada en la motricidad y el intelecto, como lo es toda su obra de ciencia, la cual está ligada a una nación. Consagrado a estudiar, entre otras cosas, las raíces históricas y ancestrales, sus escritos resultan ser una llamada a respetar y dignificar realidades contemporáneas, donde la mágica visión Cervantina está presente en vigencia de valores y diversidad.

El hijo legítimo de Andrea Julia Santos Acosta y Juan Jesús Valdés Hernández ha dejado a su paso innumerables momentos de creación, inmersas en la cultura Nacional. Su palabra alentadora y de buen gusto dejo el cálido soneto escrito, *"Soneto de Anatoly Karpov "*entre otras obras, a la visita histórica que realizara el multi-campeon Anatoly Karpov. En un record de simultaneas... Realizado por los ajedrecistas Cubanos junto al visitante.

Muy Quijotesca resulta la acción maravillosa de un país que en medio de situaciones muy difíciles dejo un record de simultaneas de ajedrez que asombro al mundo. Valdés, era entonces Vice-rector *del Instituto Superior Latinoamericano de Ajedrez (ISLA)*.

Además, represento la *Comisión de cultura de las Olimpiadas del Deporte Cubano*, así como el Tribunal de ciencias sobre desarrollo de la inteligencia donde se presentaban investigaciones diversas sobre la psicología del deporte. Estudios e investigaciones sobre aprendizaje acelerado en edades tempranas y un sin fin de cátedras honoríficas de Ajedrez en todo el país.

Si un día nos tocara realizar su Biografía sería una tarea difícil poder enumerar los muchos aportes a la cultura Cubana. La Comisión de Cultura de las olimpiadas del Deporte Cubano realizo una Expo en homenaje al 80 aniversario de la Federación mundial de Ajedrez. La Canción tema de aquella contienda llevo la voz de otro titán; José Antonio Valdés González, quien junto al coro ICRT, Interpreta La Canción *"Voces del Clamor"* escrita por Joan Valdés.

Su frescura poética nos deja ver su atención por las nuevas generaciones y por el juego ciencia. La utilidad y la virtud una vez más galanteaban y es con su palabra poética que participo en el maravilloso festival de Carolina Del Norte *"El Festival de El Quijote"* bajo la Dirección de Rafael A. Osuba. Un gesto para la armonía de la nación de Lincoln, donde personas de diferentes culturas unieron sus voces para homenajear la obra de Cervantes.

Participó en el magno acto donde se dio lectura al soneto *"Quijotesco y Cervantino"* que fue aceptado como el poema oficial del Festival del Quijote. Varios medios de comunicaciones incluyendo varios programas de televisión colocaron a los artistas en el justo puesto, para hacer brillar a quienes, desde las diferentes obras de arte, honraron la Obra del Genial Miguel de Cervantes Saavedra.

Por eso los poemas que apuntan hoy al Festival por los 400 años del Quijote, tiene tanto valor histórico, lógico y de memoria viva para aquellos quienes fueron testigos y participantes de justo festival.

Un Pedagogo y psicólogo, quien en su obra energética activa una conducta de participación como la del llamamiento al Festival, deja establecida la motivación de cuanto puede hacer la vida cultural y el desarrollo de la inteligencia en diferentes comunidades.

Uno de los símbolos del *"Museo De La Palabra"*, Fundación César Egido Serrano, tiene implícita la imagen de Picasso del Quijote. En Carolina del Norte a través de *"El Festival de El Quijote - El Quixote Festival"* ha realizado una hazaña de Cultura de vida con esas multitudes de eventos culturales, gestadas desde su Director Artístico con un evento Internacional final muy especial como *"La Maratónica de El Quijote"*. Aquí participaron más de 500 lectores, leyendo los dos libros del Quijote en más de 18 lenguajes. Esas obras en particular que los lectores seguimos como una conducta de apreciar la vigencia de la obra Cervantina.

Joan, es un cubano gestor de hermandad y buen juicio que desde la contemporaneidad nos evidencia el amor, la amistad, la sensibilidad y la imaginación, que puede unir familias y hogares, en lecturas tan prosperas y sanas.

Las obras literarias de Joan Francisco son seguidas de cerca por sus amigos y familiares, por su tarea Psicopedagógica en universidades y en la vida, guarda un mensaje humano profundo como la génesis del creador.

El análisis técnico de sus obras tiene la academia del soneto en primera instancia. Sus sonetos son admirados por poetas de alta historia como Eliseo Diego y su esposa Bella y otros como Raúl Ferrer con quien realizo innumerables recitales poéticos. Además de Lingüistas como Virgilio Martinto Ruíz y apuntes Biográficos u opiniones del Dr. de Ciencias Ruben Esquivel Ramos quien lo presentara desde el Periódico Habanero.

El Escritor y Periodista Víctor Joaquín Ortega explico El 28 de Enero del 2005; *"En tres actos centrales he hablado de Martí junto al Dr. de Ciencias Joan Francisco Valdés Santos"*.

¿Que encontrara el lector en la presente obra?

Dividido en varias partes, Página en blanco habla sobre la creación de algo original. Virtudes Quijotescas sobre los valores de un caballero andante, Dulcinea sobre el amor, Amistad sobre la amistad entre el caballero y su escudero, Aventuras sobre el viaje cultural al mundo y las Artes como el cúmulo de expresiones del alma.

Encontraras dentro de cada sección una técnica de verso libre que sabe a tambor Bata y armonía musical. Sin un detalle que perturbe el buen gusto.... Presento entonces a una persona capaz de dominar el lenguaje científico, el lenguaje pedagógico y académico, el lenguaje artístico, donde también su versatilidad se hace presente. Esta peculiaridad deja ver un Arte de verso libre estilístico que se identifica con la personalidad del creador. Una vez que el lector identifica sus recursos literarios puede darse cuenta y reconoce una obra como suya.

"Canto a Carolina del Norte" posee una Dramaturgia atrayente en una poesía capaz de alcanzar dimensiones insospechadas. Resulta un canto incluyente que une diferentes culturas y ramas étnicas de diversas idiosincrasias pero que se implican y se compensan en la expresión... *"No es la lengua lo que une las culturas. La Lengua contribuye a unirlas, pero es el pensamiento, Ese que a veces confundimos con el lenguaje"* (cita textual del autor)

En este otro verso *"Canta mi voz a todos los clérigos de cualquier credo en favor humano"* toca interioridades que permiten saber porque su poesía mística resulto tan impactante en la ciudad de Nueva York, en la Sede mundial de Poesía mística Fernando Rielo.

Resulta lógico detenerse en la expresión de distancias desiguales...Donde la reflexión entre las distancias entre dos puntos se aproxima al conflicto entre Cuba y Estados Unidos. Aplicaciones como esta ayudan hoy a pensar la utilidad de la concordia entre los pueblos. Su demostración refleja un dominio total de la Décima Espinela y se evidencia una poesía implicada con la vida diaria.

Hay obras como *"Tengo que hacerlo solo"*, donde la poesía hace justicia a los innovadores y la necesidad de interactuar con quienes crean...

Las fiebres de la creación toman la impronta del camino Cervantino y dejan ver el amor la amistad y la diversidad social.

El Canto poético a Latino América, *"Son para Pascual Bailón"*, lo que resultan obras que hablan de la comunidad hispánica y merecen ser leídas desde el lenguaje de los sentimientos donde el poeta apunta a la felicidad, el resto y la ética de la vida.

Seguí de manera cuidadosa y profunda *El Festival del Quijote* y estoy seguro que la energía de la conducta de los artistas y pueblo en general pudieron disfrutar de la excelente factura lograda por la Dirección Artística de Rafael A. Osuba. El impacto y la cooperación gestadas entre diversos centros que acercaron personas, instituciones creadoras y familia en la necesidad de dominar y conocer cada día más la obra de Cervantes.

Esta motivación creativa realizada a través de la poesía resulta una vía testimonial que ayudara al lector a recordar....

El Tiempo pasa, pero las generaciones futuras tendrán en estos versos una motivación que edifica y educa.

El valor de la lectura y su placer es algo que se aprende y se entrena. El olimpismo de este mesurado entrenamiento hace reconocer el impacto de las obras sociales.

La Medalla obra *"Quijotesco y Cervantino"* se evidencia desde la obra del Director Artístico Rafael A. Osuba presentando imágenes y sello. Algo que unido a las letras del poema oficial invita a preguntar: *"Yo Soy Quijote... ¿Y Usted?"*.

Estoy comprometido a invitarlos a leer las obras del Poeta Joan Francisco Valdés Santos. No tarden en sembrar en sus hijos esas buenas semillas.

Máster David Gato Cisneros

Amor y Paz

"Amor y deseo son dos cosas diferentes; que no todo lo que se ama se desea, ni todo lo que se desea se ama."

Miguel de Cervantes Saavedra

INTRODUCCION

COMO UN CANTO DE AMOR Y DE AMISTAD

Por Dr. Joan Francisco Valdés Santos

En Carolina del Norte EEUU se prepara uno de los homenajes a la obra del Quijote que merece el concurso y el respaldo de la lengua inglesa y la lengua española.

La Profundidad de una verdad no está la lengua en que sea explicada sino en la racionalidad del análisis.

Esa Armonía de Cerebro y corazón con la que canto el poeta Guillen.

Esa intensidad Cervantina de reflejar las pasiones humanas de sus personajes. Esa analogía de Shakespeare desde profundas imágenes reflexivas hace que la literatura como arte tenga siempre adictos.

Esos grandes escritores abrieron el camino. Los enemigos de la literatura no saben cuánto talento mutilan desde políticas apócrifas donde no dejan espacio al desarrollo de los pensadores que orientan y educan y desde la premisa poner la ley del embudo en la política editorial comprimen a los escritores y sus obras....Otros desde el rigor de ofrecer la tecnología contemporánea encarecen los libros y al disparar los precios no ven la realidad de la necesidad social de que las buenas obras y sus actos educativos puedan hacer.

El abraso y futuro que funde los muros de un mundo mejor.
La Obra de Cervantes, está vigente e imperecedera.

No por un hecho casual sino por la consistencia lógica que permite dejar una obra viva En el tiempo.

La obra en sí misma es portadora de otros valores. Por ello ahora que nos acercamos a rendir culto a los grandes de la literatura. Debemos pensar en todos los artistas y las artes que desde los grandes valores humanos tributan a la ecología....
Es decir a la naturaleza, a la sociedad y al pensamiento.

La Industria literaria resulta bueno que prospere desde la necesidad que los escritores sean un manantial inagotable de la humanidad y económicamente. Y no sean víctimas de mercados reproductores.

La Literatura nace y crece desde el escritor que la gesta. A veces vivió en la oralidad y sigue viviendo en la memoria viva de los pueblos. El desatino en que la clandestinidad y las contradicciones filosóficas afectaron su propia existencia es una realidad. Aunque algunas veces este enterrada como los grandes secretos, siempre aflora y se hace esa digna similla que prosperará mañana.

Por eso intento tratar de hacer pensar en el gran festival que desde la perseverancia del Director Artístico
Rafael A. Osuba entra en el interés de desempolvar la memoria del Quijote y hacer en torno a esta figura la fiesta humana que la sociedad merece. Cada acto dignificante no traspasar el umbral de la memoria por la belleza de la envoltura. Sino por el rigor intrínseco del mensaje.

La Humanidad debe hacer porque las lenguas y los pueblos vivan en nosotros haciendo, porque en la génesis del verbo "hacer" esta la pulcritud de dejar en las nuevas generaciones los grandes valores que meritan estar en la memoria viva. Allí donde nadie puede borrar, ni suprimir, ni mutilar.

Dejare unos poemas de Amor y de amistad. También recordare unas palabras de Uno de mis poemarios Tu Amor será...duradero como las piedras, Prospero como la semilla y Necesario como el agua.
Palabras con las que quiero alimenten las almas de los preclaros para evitar con ello que la humanidad sea afectada.

Resaltemos los grandes valores humanos y miremos la historia para no cometer errores que ya sean vistos.

Sea este homenaje a nuestro Miguel de Cervantes Saavedra y a mucha obra que desde la oralidad pudo mantearse viva.

La esencia de muchas obras de raíces afro así como la cultura indígena da ejemplo concreto de la refrenaría que alimenta la cultura Latina.
Le dejo con mi visión desde la cuidad de Durham, Carolina del Norte en Estados Unidos.

Dr. Joan Francisco Valdés Santos

Don Quijote De La Mancha

1605 - 2005 & 1615 - 2015

Don Miguel De Cervantes Saavedra, 1547-1616

IV Centenario

IAMQUIXOTE.COM

EL FESTIVAL DE EL QUIJOTE - EL QUIXOTE FESTIVAL Sept. 29, 2015 - April 23, 2016

Amada Mía, Hoy Canto A La Cuidad De Durham
(Dedicado a Andrea Woods Valdés)

Canto a Carolina del Norte

Mi verso que va contigo a todas partes.
Ahora reclama el espacio para adornar...
El silencio de la cuidad con la música del verso.
Amada mía, todavía recuerdo los aplausos del teatro.

Tú obra en danza teatro...
Indicando reflexiones desde épocas ancestrales.
Para hacernos más cultos y más históricos.
Ojala y no tarde la próxima puesta en escena.

Nuestra cuidad a veces triste
Desde una soledad central.
A veces sonriente cuando hay un festival.
Efímero momento de la alegría ciudadana.

Amar a una cuidad no es un pecado.
Yo amo esta Ciudad.
Tu y yo amamos la Cuidad
Nuestro nido de sueños desde el hogar.
Donde está siempre el Arte.
Donde el arte no es una aparición fantasmagórica.
Esta Cuidad que amo me desconoce...
A veces me ignora. No solo como hombre de ciencia.
También a veces como poeta.
Un cineasta amigo....

Rompía el silencio en un documental
Para decir llego un poeta a la cuidad.
Ese documental es una profecía...

Yo traigo mucha energía nueva a esta cuidad
Traigo el canto de todas las raíces ancestrales.
Traigo la dinámica del pensamiento creador y autentico.
Traigo mucha obra para hermanar
A todos....A todos los asiáticos
A todos los norteamericanos
A todos los afroamericanos
A todos los escandinavos
A todos los latinos.
No es la lengua la que une las culturas
La lengua contribuye a unirlas.
Pero es el pensamiento
Ese que a veces confundimos con el lenguaje...

Canta mi alma por el amor de todos.
Canta mi alma para las personas de todas las universida-
des.
Y Para mucha gente inteligente que no fue las universida-
des.
También para diversidad de la inteligencia.
En la labor de todos los días.
Canta mi voz al amor de aquel que vive en la montana
Canta mi voz al amor del que adorna de sudor un surco
Al científico que se le olvida en día de los enamorados
Pero transforma con su obra la sociedad en que vivimos.

Canta mi voz a todos los clérigos de cualquier credo.
Canta mi voz a toda esperanza...
Canta a toda diversidad que admita
En el cerebro y en el corazón...
La Difícil tarea de hacer una mujer mejor cada día
Un hombre mejor cada día
Un cuidado a la naturaleza desde la cuidad.
Un cuidado a la cuidad desde toda naturaleza humana.
Te amo Durham
Te amo Carolina
Te amo latino América
Te amo desde cualquier rincón del mundo.
Desde las diversidad de cinco continentes
Que vibran en los Estados Unidos de América.
El Valor de la palabra amor une bondades-
De fiesta museo de la historia
Un poema Pedagógico toca a tu puerta.
Y Pide sobre vivir en el tiempo....
El Mensaje de amor para unir pueblos
Ya está dado....

**Así lo dejo escrito. Febrero 10 del 2015 -
Con copia al Museo de la Palabra**

"Ninguna ciencia, en cuanto a ciencia, engaña; el engaño está en quien no la sabe."

Miguel de Cervantes Saavedra

QUIJOTESCO Y CERVANTINO

Homenaje a Miguel de Cervantes Saavedra

En los 400 años de la obra – Don Quijote de La Mancha

Dr. Joan Francisco Valdés Santos

Arte Por: Rafael A. Osuba ©2013

Quijotesco y Cervantino

Cita....El Director Artístico...Rafael A. Osuba...
Analizo la obra y dijo "Yo Soy Quijote"

Con el Quijote que llevamos dentro.
En la esperanza de un mundo en primavera.
Mirando encanecer la cabellera
Movemos el volcán y su epicentro...

Con el Cervantes que llevamos fuera
Ondeando las ideas y su centro
En la nueva merced de rey y cetro
Nos deja Rocinante en otra era.

Y por sobria grandeza de letrado.
Donde la letra eterna. Medio Eva...
Como un canto común y bien logrado...
Quien se sienta Quijote aunque le llueva...
Las lagrimas sin verse derrotado.
Su pulcritud muy Cervantina Eleva...

Quixotic and Cervantine

Quote.... The Artistic Director... Rafael A. Osuba...
Analyzed the work and said "I am Quixote"

With the Quixote that we carry within.
Amid hopes of a world in spring.
Witnessing the graying of our hair.
We move the volcano and its epicenter...

With the Cervantes we carry without.
Fluttering ideas and its center.
In the new installment of king and scepter
Rocinante leaves us in another era.

And with sober cultured greatness.
Where the eternal word. Medieval...
As a common and well earned song...
Whoever should feel as Quixote even if it rains...
tears without feeling defeated.
Elevates their Cervantine excellence...

Translated with the help of:
Astrid A. Billat, Debora Maldonado DeOliveira,
Jonathan Wade and Rafael A. Osuba

PAGINA EN

BLANCO

"Para lograr lo imposible se debe intentar lo absurdo."

Miguel de Cervantes Saavedra

[Enfrentando a los Gigantes]

La Creación

La Creación existe porque el mundo
Fuera una monotonía
De noches y soles sin la creación...
Los creadores lloran
Porque deben salir las aguas
Y los manantiales no saben de angustias.
Los creadores acomodan la policromía
De cada aurora y cada crepúsculo..
Cada incomprendido dibuja su sueño
Con la dinámica de la canción
Que impulsará las lógicas dormidas
En acentos creativos...
La sensibilidad besa las metas de los sueños
Evoca los cantos del ayer y del mañana...
Todo intimismo creativo
Desafía los poderes del espacio y el tiempo.
Crear es ese Don que juega con las capacidades
Complejas especiales e indica
Donde la inteligencia y el arresto
Tuvieron sus romances...
Hágase el canto de la creación
Como un canto poético...
Como un canto lírico
Donde melisma rebato y porta mentó
Dejan en la pauta una armonía nueva.
Hágase el canto de la creación
Géstese la música nueva y sonora
Que permite danzar en la ventana.

Como Un Nuevo Quijote Sin Molinos

Cita: Al caballero de Paris... Mito y Leyenda

Esta ciudad te archiva en la memoria
Como un nuevo quijote sin molinos
Y en tu peregrinar por los caminos,
Dejaste una leyenda, casi Historia.

Tu vida en los portales fue notoria
Vagabundear en si fue tu destino
Y fuiste un vagabundo tan refino
Que alcanzaste en la Habana fama y gloria.

Por ello desde el Este de la Europa
Y en el americano continente
Abrirán celuloide hacia tu ropa.
Y te vendrán a ver ya tanta gente...
Nadie creerá si te faltó la sopa
Y estarás como ayer... indiferente.

VALORES QUIJOTESCOS

"La verdad adelgaza y no quiebra,
y siempre nada sobre la mentira
como el aceite sobre el agua"

Miguel de Cervantes Saavedra

Tetralogía A San Francisco De Asís
Tradiciones Franciscanas En Durham

I

En la Cuidad de Durham ya me aguarda.
La maravilla de un cálido soneto.
Que Bello sacerdocio en tu libreto.
Giovanni era tu nombre...cuenta un hada.

Y llego hasta la iglesia mesurada...
Donde el amor al prójimo es tan neto.
Que me canta un poeta siendo escueto.
La pulcritud de un alma tan amada.

Cuido de la natura...y bien del lobo.
No hay animal que escape a tu mirada.
Patrón de sastres y de comerciantes

Patrón del tejedor y de su adobo...
Tú sabes de los monjes mendicantes.
Y alejas de la muerte a un alma helada.

II

Tú sabes del dolor de la cadena.
Tú sabes de la vida del leproso.
Y Sabes del gorrión que temeroso
Reclama en su garganta arroz y avena.

Cuando valor se escapa de un poema.
Dado a lo humano como pan diario.
Teniendo un salmo de compás binario.
Tu palabra y tu predica es lexema...

Que trina cual las aves en la aurora.
Que canta Ave María sin la pena...
Del rezo misterioso que sin hora...

Quiere ayudar a toda el alma en pena.
Ferviente y poderoso que a deshora.
Brinda por los humanos sangre en vena.

lll

Viviendo el evangelio tras tus huellas.
Laicos en fin sean hombres o mujeres.
La humanidad revive en esos seres
Las buenas luces tentadas las estrellas.

Orumila y secretos frases bellas.
Ante toda tristeza misereres
Laicos en fin sean hombres o mujeres.
Regla definitiva en que destellas.

Venga humilde gorrión junto a tu puerta.
Venga el colmillo dócil, venga el fiero.
Venga la bella frase a tu garganta.

Venga la buena luz en que prefiero
El verso limpio y la palabra santa.
Desde el amor a Dios con que te quiero.

Canto Magno A San Francisco De Asís

Cita .Oh, señor hazme un instrumento de tu paz.
Donde hay odio, que yo lleve el amor.

IV

En el hogar y el corazón del hombre.
Como un canto de amor inmaculado
Despierta San Francisco el canto amado
Y la pureza digna de renombre.

Ferviente luz de predica que asombre.
Humildad y sentir unificado.
La mano generosa al buen bocado
El santo dignifica fe en el Hombre...

No se espera tu víspera divino...
Tu pureza despierta el corazón inerte
Tu amor conduce al ave con su trino...

Venciendo los temores de la muerte
Tu Predica va siempre hacia el camino...
Donde nació la profecía y la suerte...

NOTA -Uno de los Oráculos más antiguos sincretiza en
el soneto número **III**.
Es innegable la cultura subliminar de reflejada a partir de
la emigración cubana.
Así como la vistita de norteamericanos a África.

[Hasta que te conocí]

DULCINEA

¡Oh bella ingrata, amada enemiga mía!

Miguel de Cervantes Saavedra

En Busca De Mi Amor

Motivos de cumpleaños...
Dedicado a mí esposa Andrea por su esmero en el arte.

Volverán los delfines y gaviotas.
En busca del amor y el desafío.
Danzara Oshun a la orilla del río
Mientras se canta a dioses y patriotas.

La vida que renace llama a ilotas
Y niega el azar, el albedrio.
Toda contradicción donde porfió
Apunta al doctor y no al idiota...

Tú vendrás por el mar con los delfines
Tú vendrás por el aire con gaviotas
 En La danza en el aire...tomeguines...

Te Cantaran, esas sublimes notas...
Solo tan bella danza en nobles fines.
Mueve el corcel del aire en que ahora trotas

La Lágrima

La lagrima que rueda en tu mejilla.
Con el sabor salobre de los mares
Tendrá el asentó de todos los altares
Y el aguas que llega, a toda las orilla.

Salta a ocupar, mi ropa con tu silla
Sueña también con tu jardín en flores.
Y llenaras con fuego de rumores
La distancia moldeable cual macilla.

Tú llegaste con lágrima divina
Al que hacer sencillo de mi verso
Y curaste, amor cual medicina

Que escribiste en receta sin reverso.
Cuando guardaste en tu alma, de vitrina.
La pulcritud y el ansia...de mi beso

En El Otoño

Cita. Poemas cerca de ti...

Mire una foto de invernales encantos
Tu rostro iluminado de feliz alegría
y tus labios buscando mis labio a distancia.

Desnuda como un lirio que avizora el invierno
Y cual calor de encanto es gesto acumulado
En tropical caricia del mar de las Antillas.

Cante tu verso tierno como una medicina
Que endulza el alma y alumbra la retina..

Oh canto misterioso que estremece el alma.
Invernales encantos que pronto se avecinan..
Tus arboles me esperan, tu nueva tierra es mía

Como aquella plegaria de matinal encanto
Que busca la razón para vibrar en tanto...
Se nos desaparece la melancolía.

Razonamientos.....a la ciencia.

Llegaré Dibujando La Esperanza

De un lado se halla el tribunal severo
Frío y calculador como la ciencia.
Al otro lado acción y, paciencia:
Defendiendo el aporte más certero.

Habrá preguntas de sueño lisonjero
Y por qué no; daga e inteligencia
Alguno con locuaz indiferencia
O alguien incomprendido aunque sincero.

La doble cara tocará a la puerta...
Habrá espada, cuchillo, punta y lanza,
Y la noticia falsa con la cierta:

Visitará el rumor con la añoranza
Pero aunque llegue con la fe desierta...
Llegaré dibujando la esperanza

Cantares Y Añoranzas

La fiesta de mi garganta

I

A veces, no sequé hacer
A veces no sequé hago
Y loco de amar deshago
El verso que va a nacer
Me llena de gran placer
Mimar a mi dulce hembra
Y en mi corazón se siembra
La fértil enredadera
Que corre por la pradera
Y que el corazón desmiembra.

II

A veces busco el sonido
Grato que tiene el planeta
Y me resulta una meta
Esta rima de alarido
Todo en si tiene sentido
Cuando el verso llega y canta
La fiesta de mi garganta
Suena del Bata a tambores
Y se sienten los rumores
Del zumbido de una planta.

III

La décima se hace manta
Adornada en peonía
Y en detalles de armonía
Llega una música santa
Para el hombre que la canta.
Por su mujer que es su flor.
Por la mujer que es su amor...
Por la mujer con sentido
Que merece el alarido
De su poema mejor.

IV

Cuando te pido perdón
Sé que a tu razón acudo
Si el verso se queda mudo
Vuelo como el algodón
El verso resulta un don
Y lo acompaña el sentido
En el pecho un alarido
Mueve lo animal del hombre
Pero que nada te asombre
Por eso soy tu marido.

Pitagora No Sabia...

Distancias circunstanciales

I

Tú no dejes de escribir
Yo preocupaciones tengo.
Y entre coplas me mantengo
Lucubrando el porvenir.
Dolores he de sentir.
Si es que tú, te encuentras mal
Sin traspasar el umbral
Mérida- tu habitación
Concentra en mí la atención.
Mi distancia es desigual

II

La distancia entre dos puntos
Se predica en igualdad
Pero si no hay equidad
De iguales acercamientos.
Se anulan esos intentos.
Tú puedes llegar a mí
Bella como el colibrí
En la tarde más hermosa
Siendo mujer, siendo esposa
Tú siempre has llegado a mí.

III

De mi país, por las leyes
Mi distancia es desigual
Pues resultaría ilegal
Si me arrimo a tus caneyes
Aun con cerebro de reyes.
Y en diferentes gestión
Las leyes del arte son
Cual para Hatuey y Guarina
Yo seré tu medicina
Tú animas mi corazón.

IV

Las distancias circunstanciales
Existen entre los dos
Y por el amor de dios
No me aflijo a intentos tales.
Pero pueden ser fatales
Mis deseos de ir a verte
Pues yo debo defenderte
Y en un correo demorado
Puedo salir disparado...
Cual cosa de vida o muerte.

Mis Motivos De Vivir

Cual el viento que se mueve
Y que acaricia tu cara.
Cóncavo cual la cuchara
Y frío como la nieve
Húmedo aun si no llueve.
Voy cual la naturaleza
Con aires de sutileza
A menguarte los dolores
Brindándote mis amores
Por tu exquisita belleza.
Cuantos prados y montaña
Y cuanta vegetación.
Hacen de voz y dicción
Un artificio una hazaña
Para ver cómo te baña...
Natura de bendiciones
Mientras que escribo lecciones
De un canto del lucumí
Y atesoro para ti

Las más tiernas emociones.
Sonoro cual los tambores
Que visten mi tradición
Versos...repican y son
Testigos de mis amores.
Ellos conservan las flores
Del jardín en mis entraña
y aunque estoy en tierra extraña.
Estando lejos de ti...
La emoción desdobla en mi
El África con la España

Tulipanes Rojos

La Senda de tus jardines
con sus tulipanes rojos.
Me van abriendo los ojos
a tus delicados fines.

No tengo aquí tomeguines
Ni albahacas con sus manojos.
NI hierba buena con mojos.
Ni las aguas con delfines.

Redondeando la mirada.
Tus fuerzas la primavera.
Entre cubanos paisajes.

Puedes ver la guayabera
y los místicos oleajes
Que en varadero tú viera

AMISTAD

"Amistades que son ciertas nadie las puede turbar"

Miguel de Cervantes Saavedra

Carta A Sancho

Cita: Querido Sancho...

Alguien hizo la epístola rocosa...
Sobre carta rimada que le escribo.
Pero al hacer, acuso de recibo
Me escribe engalanándome la prosa.

Debes saber que dama culta y hermosa
Dijo festejaba cuanto escribo.
Que mi prosa en su ánimo afectivo.
Resultaba, mas yo no escribí prosa...

Que pensara de ella el universo
Si la dama confunde verso y prosa.
Pudiera confundir mi amor inmenso

Yo dispuesto soltaba mi armadura
Para tomarla a ella por esposa ..
Y rocinante cojeo por Herradura.

Respuesta De Sancho

Ella escribió una carta... No angustiosa
No era tan tonta si gesto respuesta.
Puede que en primavera la floresta
No limita la frase que ingeniosa...

Retorne de la hembra vista en Rosa...
Y en la puesta de sol. Busco la puesta.
Para pensar muy bien con quien se acuesta
Y siendo la palabra temblorosa.

Confundiose la dama en verso y prosa.
Porque hay quien confunde prosa y prisa
Si no es lista señor pero es Hermosa...

Si la chica es muy mona y mona lisa
Aun Confundiendo el verso con la prosa.
Debe atenderla usted de toda prisa.

Con Batuta En Mano....

Zenaida Romeu

Esta creación es un acto de Cubanía sin fronteras para amar y respetar, al arte desde la artista merecedora. Quien para gloria suya y Nuestra se llama Zenaida Romeo...La génesis de Zenaida es paloma, la paloma simboliza la paz. –N.C Hecho histórico - Implicaciones Universidades del territorio Old Havana. Roberto Matos Y Elisabeth

Trilogía de Sonetos. Con Batuta en Mano....

I
Andas con batuta en mano

Andas con batuta en mano
en femeninos modales
Y tus ojos son vitrales
Tras el lente y junto al piano.

Con ese acento Cubano
Tus pautas se hacen legales
Y los trinos ancestrales
Se tornan musa en tu mano...

Soñaste lejanas veces
El zumbido de un ciclón
Sentiste la Creación...Como gestación y creces
Mientras arrullas los peces
Que algún día serán canción.

II
Trinan Junto A Los Vitrales

Trinan junto a los vitrales
La Maravilla divina
Que cura cual medicina
de gestar empeños tales...

En balcones y portales
Se asoman cuando muy fina.
Cual tresillo que camina
Haces músicas locales.

Basílica San Francisco
te conoce de memoria...
Y aun cuando en mar es Arisco.

Tu música que es notoria
Pide permiso a la historia
Y entra por La San Francisco.

III
Las Tropicales Gitanas

Las tropicales Gitanas
se quieren coleccionar
Para salir a escuchar
El triunfo de tus cubanas.

Por tradición, la más sana...
Poner a Cuba a sonar
tus los violines a lucrar
Por la gloria del mañana.

Sepan los versos a gloria
Por tu historia derramada
Sea la música del hada...

Que se mueve en tu memoria.
Mientras te aplaude la historia.
Mujer culta y bien amada
Nota al pie de página
La San Francisco se refiere a la basílica...
Radicada en la Habana Vieja.

Cuando El Lobo La Oración Hacia...

CITA. Igual al lobo solidario y frío...

Igual al lobo solidario y frío...
Protegiendo niños y salvo dos vidas...
Igual que otro lobo que animo Darío.
Tomo yo dos riendas y tomo dos bridas.

Antiguo trineo que reclama trío
Música de alma, con el Arte Anidas.
Justicia en el lente y al filmar heridas.
Curadas veras...por tu propio río

La flor del loto, viaja bien contigo.
Ella es sin duda esa profecía
Dimensionando la palabra amigo.

Por ello hago espacio a la cortesía...
A la Manera útil de brindar mi trigo.
Para regalarte una poesía...

Cantares A Facundo Cabral

Se siente una guitarra
Mundana pero divina.
Una cuerda peregrina
Que va...Donde viene gana.

Lucero de luz y grana
Retórica y elocuencia
Que en tu sublime presencia
Salieron adornar cana.

Fue un andarín de la suerte.
Fue un andarín de la herida
Fue la frase conocida
Que no muere con la muerte.

Martin Fierro en la gauchada
Cantar de Filosofía
Lengua que la profecía
Le dio lenguaje de Hada.

Uniendo el todo y la nada
Mística filosofía
De cantar el cada día
Con una misma tonada.

Se va lejos y está cerca
No establece norma y ley.
Ser vagabundo y ser Rey.
Sin importarle la merca.

"*No estás deprimido estás distraído*"

Facundo Cabral

Trilogía De Sonetos A:
Gaspar Melchor De Jovellanos.

I

Donde la inteligencia y el misterio.
Se preguntan las leyes de hombre tales.
Y Tiritan de frio los mortales.
Cuando el nacido resulta un hombre serio.

La vida es una visa de criterio...
Dimensión de la vida sin neutrales.
Ya porta el elegido en los vitrales
La Bendición de Dios...Y el monasterio.

Si vino con el don de la justicia.
Su educación en si lo hace maestro.
La Escuela Militar le dio pericia..

Nació condecorado de hombre diestro.
y era tan creativo en su impaciencia.
Que se dejó guiar por sus ancestros.

II

Fue Nacido en Gijón y sin fortuna.
Si de nacer ya vino afortunado.
A la falta de luz...iluminado.
Con bendición de sol y de la luna.

Nacido creador. Promete una...
Epístola genial y complicado.
Que prosa y poesía sean mesclado
Y no podrá opinar persona alguna.

Que dicha entre las dichas. Si hay horrores.
Que dolor más extraño, la justicia.
En la balanza amarga sin el gusto.

Tu poesía quiere blandir flores.
Tu ciencia en post de edificar delicia...
Como ajustar aquello que no es justo.

III

Como cantar un verso inanimado.
Sabio mortal que es todo pensamiento.
Era tu sugerencia un mandamiento.
Entre la idea genial y lo logrado.

Tú eres endecasílabo afinado.
Tú eras un surtidor como en un cuento.
Tu eres hijo de España...Bien amado.
La cultura valora el gran intento...

Sabio que suele ser desmesurado
Tocaste todo, como en verso y cuento.
Justicia, ciencia, arte...Unificado...

Dominio del sustrato y su elemento.
Si hubiera sido...torero. Bien amado.
Al ruedo hubieras dado el gran acento.

AVENTURAS

"El que no sabe gozar de la aventura cuando le viene, no se debe quejar si se le pasa."

Miguel de Cervantes Saavedra

Son Para Pascual Bailón

En *Argentina* baile;
Pericón, vidala, tango.
En *Bolivia* arme un fandango
Con triste y con bailecito.
En *Brasil* baile un poquito
De macumba, lundu y zamba.

En *Colombia* fui caramba
Bailador de cumbia y porro.
Ya en *Costa Rica* me corro
Pa el tamborito y floreo.

En *Cuba* yo me recreo
Con la conga y la habanera;
También caco a la sitiera
A bailar el zapateo,
La rumba yo la deseo
Como el bolero y la danza;
También baile contra danza,
Mambo pilón y paca;
Mozambique, cha,cha ,cha.

Y como si fuera poco
Bailo ahora el rock del loco,
Que limpiando el piso esta.

En *Chile* goce tirana
La chilena, el esquinazo
Pero no seguí bailando
Pues me sorprendió el ocaso.

En *Dominicana* ame
La maguarena el merengue
Llegue a *Ecuador* hecho un dengue
Pero baile yaraví
Para en el *Salvador* salí
Bailando danza y barreño.

En *Guatemala* mi sueño
Baile chapín y torito.
En *Haití*, baile un poquito
Entre rada, rara y juba.
En *Hondura* xigui y vals
México raspa y jarabe.

En *Nicaragua* muy suave
El suelto y el Sanatillo.
En *Panamá* me arrodillo
Con la cumbia y tamborea.

En *Paraguay* todo era
De Guaranda polca y golpe.
Ya en *Perú* me puse torpe.
Pa, el guaino y la resbalosa.

En *Uruguay* baile el triste,
El estilo y el cielito
Y por lo del nombrecito
No me baile el pericón
También baile gañeron

Al llegar a *Venezuela*
Y allí me quede sin suela
Sin zapato y sin tacón
Que baile latino América.

Naufragar

Cita.. Después de la tormenta

No soy el trasatlántico potente
Que asegura la vida y su presagio.
No soy el buque fuerte prometedor del puerto
En añoranza
No soy ni tan siquiera
Un vapor
Un velero
Una chalupa
Un yate confortable que vislumbra y encanta
No soy catamarán.
No soy wilsulfin
¿Cómo pretendo dar esa seguridad que necesitas?
El viento sopla fuerte y chifla en los oídos
El huracán asesino nos visita
El mar es un contrato de toda pertenencia
y navegar es siempre mi destino.
La plegaria universal es la del Náufrago.
Tiene fonemas que redimen el miedo
Y las angustias.

La ciencia es apenas un sortilegio
a la compensación del camino del hombre
Mi peso específico es mayor que uno
¡Soy la tabla!
Esa que sigue a flote, cuando se hunde:
El trasatlántico
El buque y los veleros.
Confía en mí, aún sin rumbo...
Verás mar en calma en una playa
Ten fe...
Que el agua y la tabla...
Darán juntos; mucho más que lo que dará...
La tormenta.
Ven aférrate a mi
Desafía los escualos
Las olas más violentas, no deshacen la espuma
Ni las crisis humanas deshacen los encantos.

EL Gorrión Del Reencuentro

La memoria animada busca el encuentro
Quizás y el azar provoca tales cosas.
Yo añoro el rencuentro constelado.
De la mucha semilla...
Que sembré en la enseñanza.
Pedagogía que hoy es Poe pedagogía...
El reencuentro juega con la memoria
Mediata e inmediata.
Este gorrión gesta alegrías y desengaños
Incomprensiones y sorpresas..
Refleja los triunfos esperados y los insólitos.
La imagen de un rostro bello
Puede simular hoy una esponja...
Pero   a pesar de todo
Gardel nos dijo volver
Y casi por inercia seguimos su canto.

Cubanos Por El Mundo

Cita... Emprendedores todos.

Cuando el cubano mira el mar.
El cielo, el rio, el lago, el agua.
Y la naturaleza disipada.
Cuando el cubano mira el progreso.
La Libertad, la risa, la diversión
Toda la serie angosta de intentar
Transformar y cambiar.
Dinamizando la alegría autentica.
Esa indiscutible por el solo hecho.
De una buena jugada de Ajedrez.
De un impacto dominical de domino.
De un pasillo danza río en ese son.

Yo que escribí que dicen los tambores
Entre verso y nostalgia.
Buscando la premisa insólita
De ver la nación florecida.
Ahora que muchas playas
Me dejan una imagen salitrera.
Que no apunta al Caribe y no da Cuba.

Por eso hoy escribo este poema
A todos los cubanos por el mundo.
No hay ser, más familiar y necesario
Cuanta intento armónico
De aliviar tos los dolores a un tiempo.
De intentar tejer todas las esperanza.
Que se abra el mercado, al sano intento.
De vivir un poco, sin el sobre salto de mañana.

Gracias comunidad internacional
Gracias te pido en nombre de todos los cubanos.
Cada ser que hizo un sacrificio de algo
Para ayudar un Cubano y a Cuba.
Gracias a todos los que hicieron algo útil
Gracias al que solo pudo quejarse y no hacer nada.
La Queja abre la cognición humana.
La Queja que se hizo silencio, sin la libre expresión...
Cuba tu eres la nación que debe gestar
El día del emigrante...

Ahora que la rumba más que patrimonio nacional
-Es ya del mundo -
Ahora que tus músicos cantan y ríen
Alegrando al mundo aun cuando alguna angustia los devore.
Que la Alegría crezca silvestre y animada...
Y Cuando las aguas sean surcadas...
En el estrecho aquel de la Florida...
Que las flores caigan sobre la tumba
Del balsero tenas e incomprendido...
Que cubanos caramba que Cubanos.

Tengo Que Hacerlo Solo

Cita a todos... Los innovadores e inventores.
A todos los creadores y a quienes Se animan ante causa noble.

Tengo que hacerlo solo...
La humanidad lo espera.
Me impulsa una intuición desconocida.
El laberinto de la creación me aguarda,
Me compulsa...
La Indecisión pudiera retardarme.
El desánimo pudiera persuadirme.
La Hostilidad pudiera hasta matarme
Pero no estoy a tiempo de cambiar
Los hechos ni las cosas.
Y mucho menos las leyes que la rigen.

Tengo que hacerlo solo.
No importa cuánto escriba.
Y mucha menos cuanta tarde,
La incomprensión en visitarme.
Tengo que hacerlo solo...
Como cada uno de ellos.
Todo el que hizo al paso de la vida.
Tuvo la incomprensión muy cerca.
Tengo que hacerlo solo
Y tocar a tu puerta...

Tú tocaras a la puerta de un vecino,
De un amigo lejano.
De un hermano de sueños o de sangre.
Y dirás la obra está hecha.

Yo conozco las leyes que la rigen
El móvil de los hechos.
La idea precursora.
El canto de esperanza que nos une.
Entonces....

Otra voz y otros seres
Estarán en un rincón lejano.
Ante el mismo dilema
Y los mismos escollos
Gestando las variables necesarias
Para hacer crecer una idea.
No importa si hay calor
O si hay invierno.
Si se expresa en lenguas latinas o sajonas
Pero dirá...

Tengo que hacerlo solo.

ARTES

"La ciencia y el arte viven allí felices"

Miguel de Cervantes Saavedra

La Cubanía

Yo soy eso que se va y se queda
Dejando en mi lugar, la cubanía.
Soy también el tambor de la alegría
Soy el refrán, la frase que se hereda.

El verso musical -dijo Cepeda.
Un símil de sublime poesía.
Soy el canto de amor. Melancolía.
El hilo conductor que da la seda.

Soy el Son del Soneto que hizo el Songo.
Y por cubano ser soy cubanía.....
Pero aunque tengo raíces en el Congo.

Mi Música del alma y su armonía.
Juegan con el hiato y el diptongo.
Para hacer la neo -canción de la Alegría.

Soneto de Anatoly Karpov

Cita Motivo 80 Aniversario de la
Federacion Internacional de Ajedrez [FIDE]

Villa Clara logro un record mundial de simultaneas de Ajedrez.
En condiciones....Historico logicas muy dificiles.

LLega Anatoli Karpov a mi Cuba.

Que le Brinda un abrazo solidario.

Porque el Ajedrecista legendario.

Resulto una leyenda Cual la Uva.

Su leyenda creque se suba.

Sobre el podio de este exfuerzo diario

Y este record que suma milenario.

Una el Jugo de Cana con la Uva.

Vengan todos y sumence a la plaza.

Con los grandes maestros por vanguardia.

Somos esa familia que se abrasa.

Un gambito de Dama nos promueve.

Tenga Karpov en Cuba nueva casa

Y una cita en la plaza el ventinueve.

Mi Mujer Danzando Al Mar

Mi mujer danzando al mar
Coqueteando con la ola.
Como brisa que acrisola
Mi ausencia como su par
En tu puesta quise estar.
Casi que llegue a la escena
Mi alma sufre de la pena
Es cuestión de parecer
Siento en mí alma el placer...
De tu energía -la centena-

Mis versos se van lo ciento
Buscan, tu luz y qué hacer
Porque tú eres la mujer.
Que va en mi verso y mi cuento
Tú dominas el intento
De cada rima inmediata
Sabes mi palabra grata
En forma y en contenido.
Y eres canto y alarido
De la razón que las ata.

Mi amor por ti vibra y nace.
Siempre a la orilla del mar
Cuando te quiero escuchar.
Tu danza es como la frase
De amor y en su desenlace.
Entre arpegios y armonía.
Un tambor con agonía
Calma el ansia y los dolores
Y vibra la peonía
Por...-Que dicen los tambores.

Ibbaé Layen Atonú

Cita. Homenaje a Brindis de Sala

I

Saber de dónde procede
Sueño e imaginación
ES conocer la lección
Que a la cultura se debe...
Brindis nos dijo... Se puede.
Y dio octavas y tresillos...
Después, ni los panecillos
Le adornar el paladar
Pero en subir y baja.
No hay avenida sin trillos.

II

Cuentan que el Conde Jaruco
Diserto en una tertulia.
Negro, violín y lujuria,
Van con la rumba y el truco.
Hablo de chamba y mufuco.
Pero jamás del concierto
Porque Brindis fue tan cierto
Que hoy Circula en la leyenda.
Y aunque ninguno lo entienda
Su talento no está muerto.

III

Fue Placido el peinetero
Un artesano poeta
Que dibujo una saeta
Que alumbro hacia el mundo entero.
Su sudor fue el aguacero
De vivir la orfandad,
El arte y la hostilidad
Hallaron en el cobija
Aunque su madre fue hija
De   dolores sin piedad.

IV

Fue Juan Francisco Manzano.
Negro, poeta intimista
De imágenes preciosita
Que guarda el pueblo cubano.
Alumbro montaña y llano.
Llego opulentos salones
Y sus dulces expresiones
Por salir de negra boca
Encontraron piedra y roca
Frenando sus ilusiones.

V

Digo de tal tradición
Resultan los que crecieron.
Los que en verbo hacer, hicieron
Los que saben la lección
Y tomaron la intención
De los que hicieron primero
No es fortuna ni dinero
Aunque siempre grato es
Sacar provecho a la res.
En diciembre o en enero.

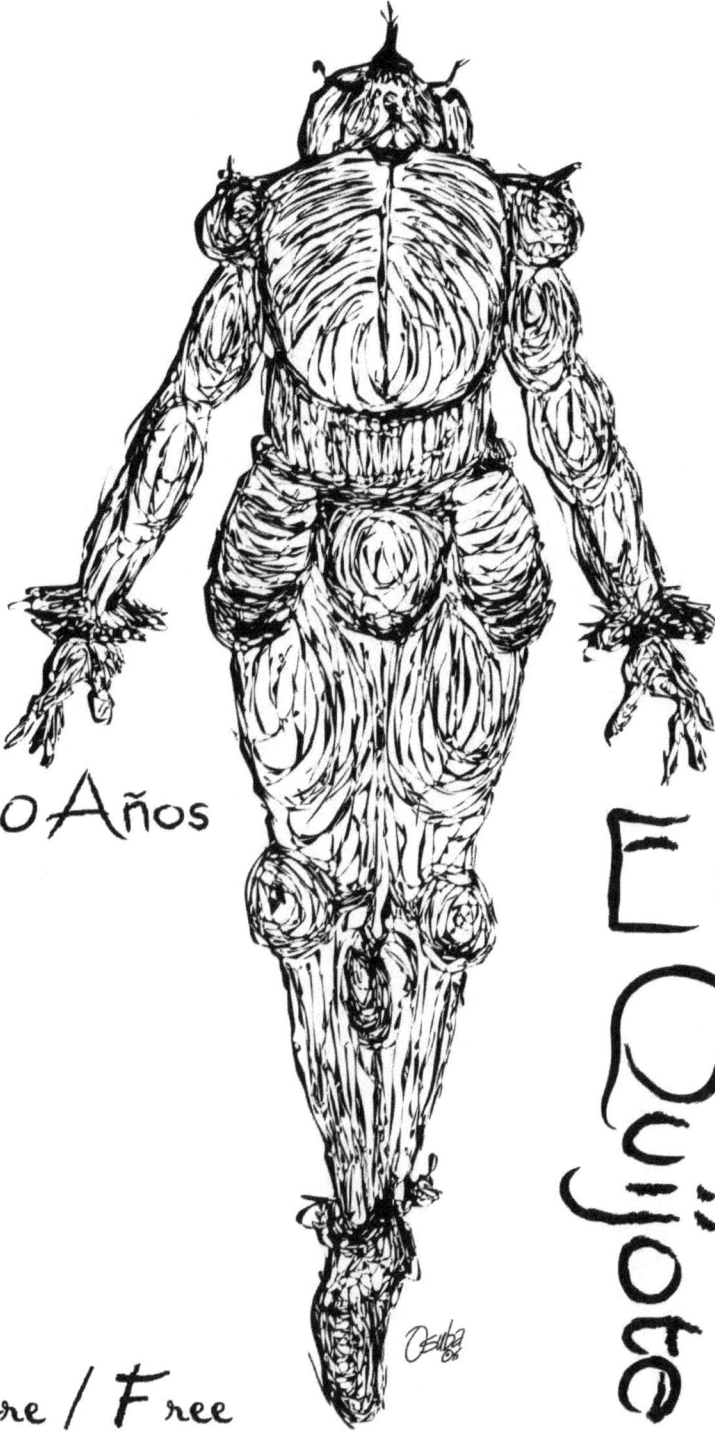

400 Años

El Quijote

Libre / Free

Agradecimiento especial a: Michelle K. Osuba, Agustín Villacis Paz, Margarita Dager-Uscocovich, Máster David Gato Cisneros y María Nuñes

UNA COMPAÑÍA DE PUBLICACIÓN DE LIBROS MULTICULTURALES

Sobre Artist Studio Project Publishing Company:
Artist Studio Project Publishing Company, también conocido como ASP Books, es una compañía independiente de publicación de libros multiculturales.

Interesada en todos los libros y escritos latinos creativos, académicos y culturales de puertorriqueños, latinoamericanos, mexicoamericanos, cubanoamericanos, centroamericanos e hispanoamericanos.

ASP
BOOKS.

§§

La primera edición de Quijotesco y Cervantino
Homenaje a Miguel de Cervantes Saavedra
En los 400 años de la obra – Don Quijote de La Mancha
del Dr. Joan Francisco Valdés Santos, se imprimió y
encuadernó en los EE.UU., en Julio del ano 2017

§§

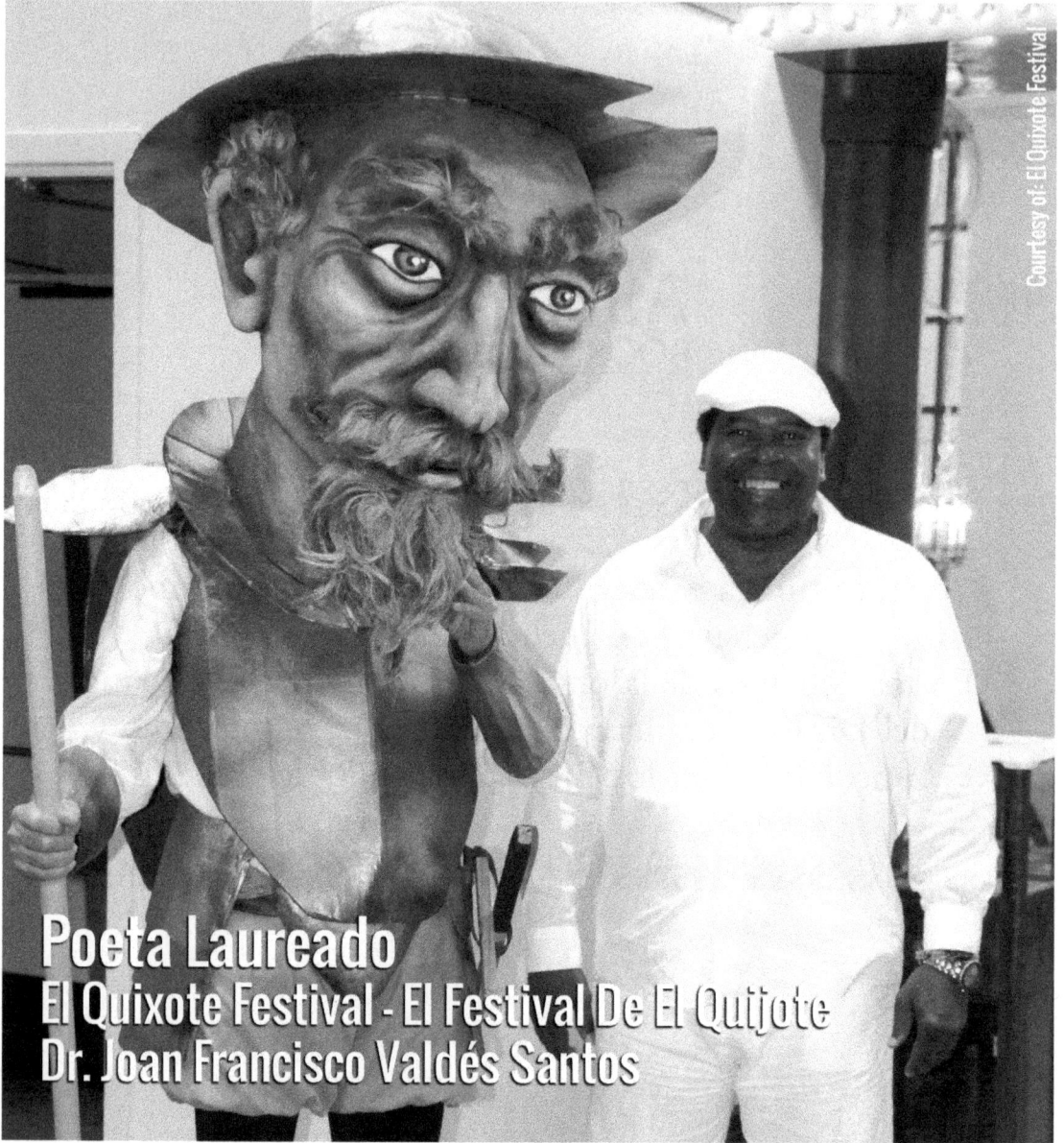

Poeta Laureado
El Quixote Festival - El Festival De El Quijote
Dr. Joan Francisco Valdés Santos

Fundador / Director Artístico:
El Quixote Festival - El Festival De El Quijote
Rafael A. Osuba